タイピングにやくだつ
はじめてのローマ字

3
タイピングにチャレンジ

◀監修▶──小泉清華
〔筑波大学附属桐が丘特別支援学校教諭〕
◀編著▶──大門久美子

汐文社
ちょうぶんしゃ

ローマ字表

大文字 / 小文字	あ段 A/a	い段 I/i	う段 U/u	え段 E/e	お段 O/o			
あ行	あ a	い i	う u	え e	お o			
か行 K/k	か ka	き ki	く ku	け ke	こ ko	きゃ kya	きゅ kyu	きょ kyo
さ行 S/s	さ sa	し si[shi]	す su	せ se	そ so	しゃ sya[sha]	しゅ syu[shu]	しょ syo[sho]
た行 T/t	た ta	ち ti[chi]	つ tu[tsu]	て te	と to	ちゃ tya[cha]	ちゅ tyu[chu]	ちょ tyo[cho]
な行 N/n	な na	に ni	ぬ nu	ね ne	の no	にゃ nya	にゅ nyu	にょ nyo
は行 H/h	は ha	ひ hi	ふ hu[fu]	へ he	ほ ho	ひゃ hya	ひゅ hyu	ひょ hyo
ま行 M/m	ま ma	み mi	む mu	め me	も mo	みゃ mya	みゅ myu	みょ myo
や行 Y/y	や ya	(い) (i)	ゆ yu	(え) (e)	よ yo			
ら行 R/r	ら ra	り ri	る ru	れ re	ろ ro	りゃ rya	りゅ ryu	りょ ryo
わ行 W/w	わ wa	(い) (i)	(う) (u)	(え) (e)	を (o)[wo]			
ん	ん n							
が行 G/g	が ga	ぎ gi	ぐ gu	げ ge	ご go	ぎゃ gya	ぎゅ gyu	ぎょ gyo
ざ行 Z/z	ざ za	じ zi[ji]	ず zu	ぜ ze	ぞ zo	じゃ zya[ja]	じゅ zyu[ju]	じょ zyo[jo]
だ行 D/d	だ da	(ぢ) (zi)[di]	(づ) (zu)[du]	で de	ど do	(ぢゃ) (zya)[dya]	(ぢゅ) (zyu)[dyu]	(ぢょ) (zyo)[dyo]
ば行 B/b	ば ba	び bi	ぶ bu	べ be	ぼ bo	びゃ bya	びゅ byu	びょ byo
ぱ行 P/p	ぱ pa	ぴ pi	ぷ pu	ぺ pe	ぽ po	ぴゃ pya	ぴゅ pyu	ぴょ pyo

＊［　］の中はべつのかきあらわしかただよ。

もくじ

キーボードをさわってみよう

これはコンピュータのキーボードだよ。

Aはどこにあるかな。Bは？

AからZまで、ゆびでじゅんばんにさわってみよう。

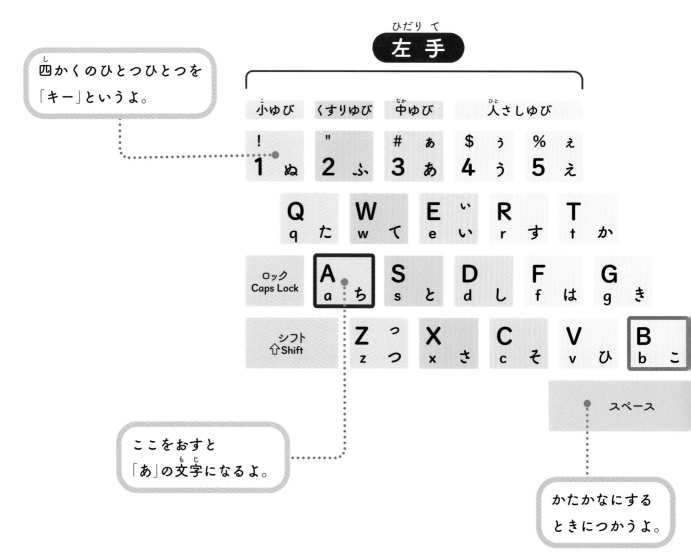

四かくのひとつひとつを「キー」というよ。

ここをおすと「あ」の文字になるよ。

かたかなにするときにつかうよ。

アルファベット表

エー	ビー	シー	ディー	イー	エフ	ジー	エイチ	アイ	ジェイ	ケイ	エル	エム
A	B	C	D	E	F	G	H	I	J	K	L	M

エヌ	オー	ピー	キュー	アール	エス	ティー	ユー	ヴイ	ダブリュー	エックス	ワイ	ゼット
N	O	P	Q	R	S	T	U	V	W	X	Y	Z

右手

人さしゆび　中ゆび　くすりゆび　小ゆび

「、」をうつときにつかうよ。

「。」をうつときにつかうよ。

文字をうったあとにつかうよ。

（ 先生方・保護者の方へ ）
キーボードに書いてあるアルファベットの並び方は、どのコンピュータでも同じです。その他の並び方は、コンピュータによって異なることがあります。この本の
キーボードは本文で使うアルファベットおよび記号を記したものになっています。

ローマ字入力のしかた

ローマ字でかくじゅんにキーをうつよ。さいごに〈Enter〉を
おすと、ことばになるよ。れいのとおりにうってみよう。

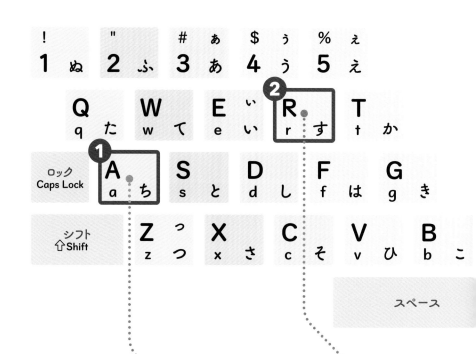

れい

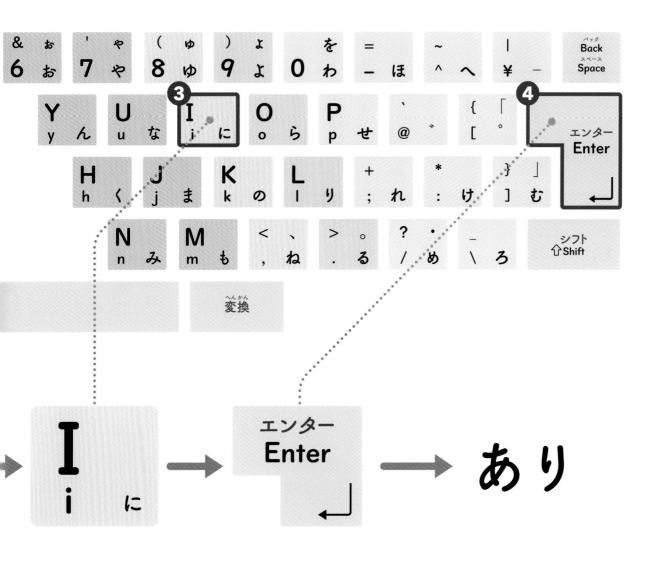

どうぶつの名(な)まえを

しゃしんのことばをタイピングするには、どのキーを、
どんなじゅんでつかうか、みてみよう。

うってみよう

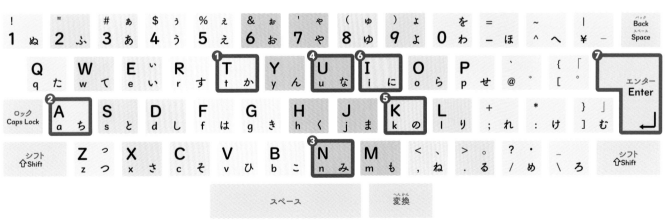

T A N U K I → たぬき

むしの名<ruby>な</ruby>まえを

しゃしんのことばをタイピングするには、どのキーを、
どんなじゅんでつかうか、みてみよう。

S E M I <kbd>エンター Enter</kbd> ➡ **せみ**

うってみよう

H A T I　⎵Enter　→　はち

*「ち（チ）」は2つのうちかた〈ti（TI）/ chi（CHI）〉があるよ。

はなの名<ruby>名<rt>な</rt></ruby>まえを

しゃしんのことばをタイピングするには、どのキーを、
どんなじゅんでつかうか、みてみよう。

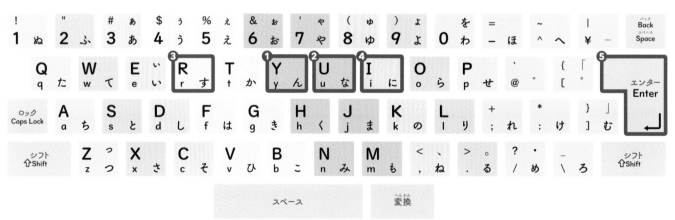

 → ゆり

うってみよう

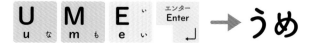 → うめ

うみの生きものの名まえ

しゃしんのことばをタイピングするには、どのキーを、
どんなじゅんでつかうか、みてみよう。

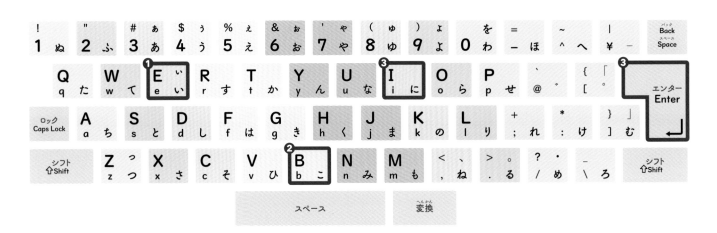

E B I Enter → えび

をうってみよう

KURAGE Enter → くらげ

ぶんぼうぐの名<ruby>名<rt>な</rt></ruby>まえを

しゃしんのことばをタイピングするには、どのキーを、
どんなじゅんでつかうか、みてみよう。

→ ふで

　＊「ふ（フ）」は2つのうちかた〈hu（HU）/ fu（FU）〉があるよ。

うってみよう

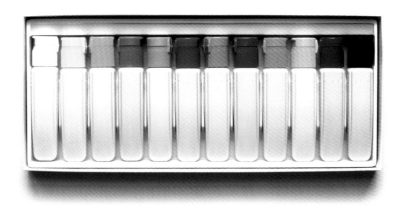

 → えのぐ

たべものの名<ruby>名<rt>な</rt></ruby>まえを

しゃしんのことばをタイピングするには、どのキーを、
どんなじゅんでつかうか、みてみよう。

S O B A <kbd>Enter</kbd> → そば

うってみよう ❶

ポイント

かたかなにするときは、スペースのキーをうつよ。

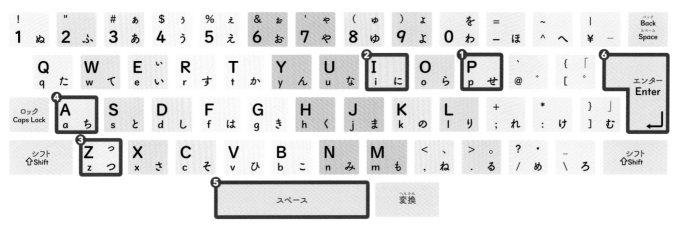

P I Z A スペース Enter → ピザ

たべものの名<ruby>前<rt>な</rt></ruby>まえを

しゃしんのことばをタイピングするには、どのキーを、
どんなじゅんでつかうか、みてみよう。

K A R E _い= スペース エンター → カレー
k a r e ほ   Enter
のちすい

うってみよう❷

ポイント

かたかなののばす音は、
□のキーをうつよ。

T I = Z U → **チーズ**
た か に ほ っ な スペース エンター Enter

＊「チ（ち）」は2つのうちかた〈 ti（TI）/ chi（CHI）〉があるよ。

しぜんの名まえを

しゃしんのことばをタイピングするには、どのキーを、
どんなじゅんでつかうか、みてみよう。

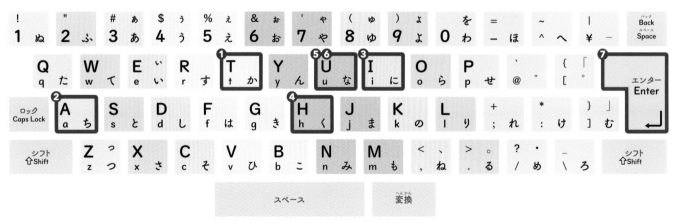

T A **I** **H** U U Enter → **たいふう**

＊「ふ（フ）」は2つのうちかた〈hu（HU）/ fu（FU）〉があるよ。

うってみよう

ポイント

のばす音は、ひらがなで
かくとおりにうつよ。

KOORI Enter → こおり

もちものの名^なまえを

しゃしんのことばをタイピングするには、どのキーを、
どんなじゅんでつかうか、みてみよう。

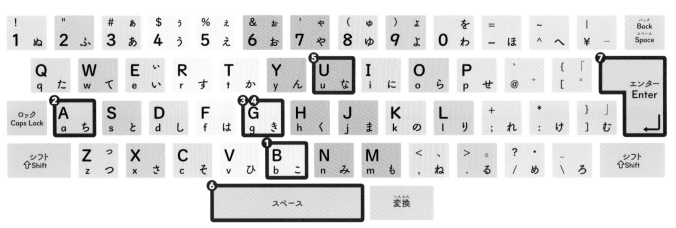

B A G G U スペース エンター Enter → バッグ

うってみよう

ポイント

小さい「ッ（っ）」は、つぎに
くる文字を2かいうつよ。

T か **E** い **X** い **I** に **S** と **S** と **Y** ん **U** な　スペース　エンター Enter ↵　→ **ティッシュ**

* 小さい「ィ（ぃ）」は〈xi（XI）/ li（LI）〉とうつよ。

* 「シュ（しゅ）」は2つのうちかた〈syu（SYU）/ shu（SHU）〉があるよ。

25

まちにあるものの名まえ

しゃしんのことばをタイピングするには、どのキーを、
どんなじゅんでつかうか、みてみよう。

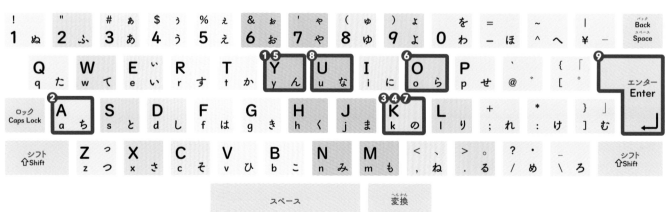

YAKKYOKU Enter → やっきょく

をうってみよう

ポイント

「ん」は、nn（NN）と n（N）を2かいうつよ。

KISSATENN Enter → きっさてん

*「てんき」などのことばは、〈tenki（TENKI）〉と〈n（N）〉を1かいでうつこともできるよ。

おやつの名まえを

しゃしんのことばをタイピングするには、どのキーを、
どんなじゅんでつかうか、みてみよう。

KUKKI＝ スペース エンター Enter → クッキー

うってみよう

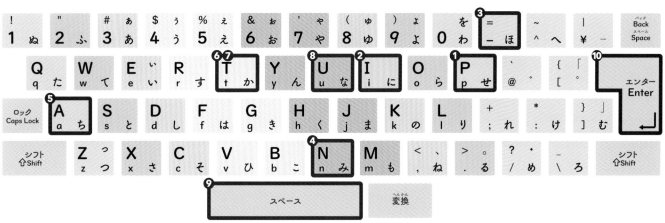

P I ー N A T T U スペース エンター Enter ⮕ ピーナッツ
p せ i に ー ほ n み a ち t か t か u な

*「ッ（っ）」「ツ（つ）」は2つのうちかた〈tu（TU）/ tsu（TSU）〉があるよ。

カードのメッセージを
うってみよう

右のページのキーボードのずを見ながら、下の文をうってみよう。

たんじょうび、おめでとう。

*「じょ（ジョ）」は2つのうちかた〈zyo（ZYO）/ jo（JO）〉があるよ。

いつも、ありがとう。

I T U M O 〈Enter〉 ＜、 〈Enter〉
i に t か u な m も o ら ↵ ，ね ↵

*「っ（ッ）」は2つのうちかた〈tu（TU）/ tsu（TSU）〉があるよ。

A R I G A …
a ち r す i に g き a ち

*「、」は ⟨、/ね⟩ をつかうよ。
*「。」は ⟨。/る⟩ をつかうよ。

［ まいにちのようすを うってみよう ］

右のページのキーボードのずを見ながら、下の文をうってみよう。

「おはよう。」と、あいさつしたよ。

* 「っ(ッ)」は2つのうちかた〈tu（TU）/ tsu（TSU）〉があるよ。
* 「し(シ)」は2つのうちかた〈si（SI）/ shi（SHI）〉があるよ。

はなに、みずをあげたよ。

* 「を(ヲ)」は〈wo(WO)〉とうつよ。

なぞなぞを
うってみよう

右のページのキーボードのずを見ながら、下のなぞなぞをうってみよう。つぎに、なぞなぞのこたえをかんがえてみよう。

「ん」のきらいな
とりは、なーに。

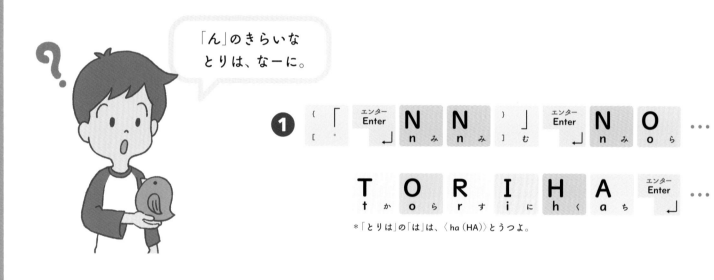

❶

*「とりは」の「は」は、〈ha（HA）〉とうつよ。

ふねにのっている
ちょうちょは、なーに。

❷ HUNENI …

*「ふ（フ）」は2つのうちかた〈hu（HU）/ fu（FU）〉があるよ。

*「ちょ（チョ）」は2つのうちかた〈tyo（TYO）/ cho（CHO）〉があるよ。